새신자가 묻다

이상준 지음

이상준 지음

새신자가 묻다

그리스도인이 꼭 알아야 할
기독교의 진리 이야기

토기장이

추천의 글

질문은 은혜의 문입니다. 묻는 마음은 하나님께 나아가는 첫걸음입니다. 이 책은 질문에서 시작해서 믿음으로 나아가게 합니다. 저자는 질문을 두려워하지 않습니다. 진리를 말하되, 사랑으로 말합니다. 논리를 펼치되, 복음으로 설명하고 삶으로 증명합니다. 이상준 목사님이 이번에 쓰신 「새신자가 묻다」는 삶의 현장에서 길어 올린 대화입니다. 믿음이 궁금한 분들에게, 하나님이 낯선 분들에게, 이 책은 복음의 문을 열어 줍니다.

"하나님은 왜 믿어야 하는가, 예수는 왜 유일한 구원자인가, 교회는 왜 필요한가, 성경과 성령은 오늘 우리에게 무슨 의미가 있는가"라는 질문 앞에 담백하고 깊이 있게 대답합니다. 저자는 학문으로 설득하지 않고, 사랑으로 이끕니다. 전도 현장에서, 이민 목회와 청년 사역의 시간 속에서, 수많은 영혼과 나눈 실제적인 응답들이 이 책 속에 고스란히 담겨 있습니다. 이 책에는 저자의 눈물과 기도가 스며 있습니다. 그런 까닭에 더 깊은 울림으로, 영혼을 깨우는 힘이 있습니다. 신앙의 첫걸음을 내딛는 분들에게 이 책을 추천합니다. 복음의 본질을 다시 붙잡고 싶은 분들에게 이 책을 추천합니다. 한 영혼을 전도해서 그리스도의 제자로 양육하고 싶은 분들에게 이 책을 추천합니다. 이 책은 진리를 쉽고 깊게 전하는 책이며 삶으로 설득하고 복음으로 초대하는 책입니다. 이 책이 한 영혼을 하나님께로 이끌고, 가정을 복음 위에 세우며, 다음 세대를 준비하는 귀한 도구로 쓰임 받기를 소망합니다.

강준민 L.A. 새생명비전교회 담임목사

신앙의 여정을 시작하는 이들에게 가장 먼저 찾아오는 것은 '질문'이다.「새신자가 묻다」는 그 물음 앞에 선 이들을 위해 쓰인 책이다. 이상준 목사님은 대화와 질의응답을 통해 신앙의 핵심을 삶의 언어로 풀어낸다. '왜 하나님인가'에서 '왜 성령님인가'까지, 신앙의 기초를 이루는 일곱 가지 질문은 새신자뿐 아니라 오래 믿은 이들에게도 본질을 다시 붙들게 한다. 질문이 많은 시대에도 복음은 여전히 선명하다. 이 책은 그 진리를 향한 첫걸음을 따뜻하게 안내해 준다.

김병삼 만나교회 담임목사

책을 볼 때 어떤 책이냐, 어떤 내용이냐보다 누가 썼느냐를 중요하게 봅니다. 글은 과장되고 포장될 수 있어도 삶의 발자취는 정직하기 때문입니다. 신학교 시절부터 오랫동안 이상준 목사님의 삶과 사역과 그분의 가정을 가까이에서 지켜보았습니다. 거두절미하고 이 책은 누군가의 표현처럼 좋은 글을 넘어서 좋은 사람의 글입니다. 그리고 관찰해서 나온 글이 아니라 깊은 성찰에서 나온 글입니다. 그렇기에 깊은 울림과 강렬한 끌림이 있습니다. 분명 이 책은 "Why?"라는 목마른 질문에 "Yes!"라는 명쾌한 답변이 되어 줄 것입니다.

김평래 제주 방주교회 담임목사

저는 이상준 목사님의 1516교회 개척을 돕고 현재 1516교회에서 분립개척되어 설립된 1203교회를 섬기고 있습니다. 제가 개인적으로 알고 있는 이상준 목사님은 단단한 신학적 기초 위에 세워진 이성적인 냉철함을 가지신 분이며, 새신자와 미신자, 불신자를 향한 지칠 줄 모르는 열정이 있는 분입니다. 이 책은 목사님의 이성적인 냉철함과 열정이 고스란히 묻어난 책입니다. 단순한 교리의 전달이 아닌, 현대인이 직면하는 실존적 질문에 대한 신학적, 철학적, 그리고 목회적, 통합적 해답을 담고 있습니다. 이 책은 새신자에게는 길잡이가 되고, 오래 신앙생활을 한 이들에게는 복음의 본질을 새롭게 일깨워 주는 나침반이 될 것입니다. 전도와 양육, 그리고 성도들과의 대화에서 실제적인 도구가 필요한 모든 이들에게 진심으로 추천합니다.

박시형 1203교회 담임목사

복음의 본질은 영원히 변함이 없지만 복음을 전하는 방식은 시대에 따라 달라져야 한다. 포스터모던 시대에 불신자들이 가지는 의심에 가장 적절한 해답을 줄 수 있는 최선의 방법은 현대 시대에 맞는 변증이다. 팀 켈러와 같은 전제주의적 변증의 방식으로 불신자가 가지는 일곱 가지 의문에 대해 복음의 압점을 누르고 있는 이 책을 받자마자 나는 단숨에 읽었고 복음의 생동감이 마음에 깊은 여운을 남겼다. 이 책은 포스트모던 시대에 복음에 대한 확실한 기독교의 답을 담고 있다. 캐나다 밴쿠버에서 이상준 목사님을 만난 지 20여 년을 지나며 그의 신앙과 연륜의 깊이가 더해져 감을 느낀다. 이 책은 그의 신학이 고스란히 담긴 역작이다. 모든 신자와 신학도에게 필수 도서 목록으로 추천하는 바이다.

배정호 목사, 국민일보 사목

유진 피터슨은 에베소서 4장 12절의 "성도를 온전하게 하여"를 이렇게 주해한다. "온전하게 하다는 뜻의 '카타르티스모스 katartismos는 신약성경 전체에서 이곳에 단 한 차례 등장한다. 존경받던 그리스 의사 갈레노스는 탈구된 관절을 다시 맞춘다는 뜻으로 이 말을 사용했다." 탈구된 뼈를 다시 제자리로 맞추려면 잘못 맞추어진 뼈를 꺾는 고통을 견뎌야 한다. 그 뼈를 꺾는 고통의 과정 없이는 절대로 뼈가 제자리에 맞추어질 수 없다. 오늘날 자기 신념을 진정한 신앙인 듯 착각

하며 살아가는 어리석은 그리스도인들의 뼈를 꺾어 제자리로 맞추는 통쾌한 일들이 이 책을 통해서 이루어지길 바란다. 또한 진심으로 하나님을 찾는 자들seeker에게 이 책은 예수님과의 뜻밖의 만남을 이루는 수가성의 샘물 같은 역할을 하리라 확신한다.

안광국 금호중앙교회 위임목사

이상준 목사님이 또 책을 내신단다. 두근두근!! 목사님은 설교도 꼼꼼하고 예리하고 깊으시지만 글도 언제나 특별하고도 섬세한 도전을 주며 나 자신을 돌아보게 만든다. 이 책도 예외가 아니다. 책의 모든 글에서 한 영혼 한 영혼을 향한 사랑의 에너지가 느껴진다. 복음을 전하고자 하는 열정이 가득하다. 새신자를 위해 어려운 기독교 교리를 논리적으로 그러나 이해하기 쉽게 정성을 다해 한 땀 한 땀 설명해 주고 있는 이 책은, 한 글자 한 글자 꼭꼭 씹어 먹듯 읽어야 제맛이다. 새신자뿐 아니라 믿음 생활을 오래 한 분들도 하나님께 더 가까이 갈 수 있는 징검다리 같은 책을 써주셔서 너무너무 고맙다!

이성미 개그우먼, 방송인

오늘날은 너무나도 많은 이단과 사이비, 그리고 왜곡된 주장이 교회와 성도들의 신앙을 병들게 하고 있습니다. 이럴 때일수록 기독교의 뼈대와도 같은 핵심 교리를 성도들에게 잘 가르치는 것이 너무나도 중요합니다. 오래된 건물일수록 기초가 단단한 것처럼 우리의 신앙도 그러해야 할 것입니다. 이 책 「새신자가 묻다」는 목회자들이라면 누구나 목회 현장에서 반드시 접하게 되는 질문들에 대해 간결하지만 확고한 언어로 기독교의 본질을 잘 설명하고 있습니다. 때문에 새신자는 물론 기존 성도들도 이 책을 읽으면 다시 신앙의 기초를 바로 세울 수 있을 것이라 생각합니다.

정홍은 순복음성동교회 담임목사

들어가는 글

진리는 단순하다. 그러나 진리는 심오하다. 하나님이 우리를 사랑하셔서 주신 진리로 우리 영혼은 죄와 저주로부터 자유케 되었고, 영원한 생명 가운데 하나님과 친밀한 교제를 나눌 수 있게 되었다.

오늘날 건강한 교회, 건강한 성도를 세우기 위해 우리가 믿는 진리에 대해서 쉬우면서도 명쾌하게 질문하고 답할 필요가 있음을 느껴서 이 책을 쓰게 되었다. 1516교회에서는 개척 이후 새가족 교재로 사용하는 내용이기도 하며, C4C(교회를 위한 교회)에서 개척하는 교회들은 이 교재를 활용할 예정이다.

나는 중3 때 하나님을 인격적으로 만났다. 그때 성경을 깊이 있게 읽으며 하나님께 궁금한 내용들을 질문하고 답을 듣는 소중한 시간들을 가졌고, 성령 체험도 뜨겁게 했다. 이후로 전도의 열정이 생겨서 많은 불신자들과 대화하곤 했다.

때로는 상대를 설득하려고 너무 밀어붙이기도 했고, 때로는 모르는 질문을 받고 당황해하기도 했고, 때로는 논리적으로 다 반박하고 설득하기는 했는데 상대방이 기분 나빠져서 결국 안 믿는 경우도 있었다.

그러면서 '아 전도는 논리로 하는 것이 아니라 사랑으로 하는 것이구나'라는 것을 깨닫게 되었다. 또한 성경 말씀에 기초해서 기독교 진리를 알려 주되, 사람마다 처한 상황과 내면의 문제가 각각 다르기 때문에 적절하게 설명해 주는 것이 중요하다는 것을 알게 되었다.

이후 신학대학원에서 비교종교 과목을 공부하게 되었는데, 종교 간의 차이를 다룬 책들과 기독교 변증에 대한 책들을 다수 번역할 기회가 있었다. 그러면서 자연스럽게 성경에 대해서, 하나님에 대해서, 교회에 대해서, 신앙에 대해서 사람들이 갖고 있는 질문들에 성경적이면서도 시의적절하게 답변할 수 있는 지혜를 쌓을 수 있었다.

그러다가 2005년 9월, 캐나다 밴쿠버온누리교회에 가서 만 4년간 목회를 하게 되었다. 3년여 동안 교회도 부흥했지만 미신자未信者, yet-Christian들 전도도 많이 했다. 설교 때마다 전도하고 싶은 분들이 있으면 소개시켜 달라고 했고, 불교를 믿던 분, 유교를 믿던 분, 종교가 없던 분, 무신론자 등 다양한 분들과 대화를 나누며 전도할 수 있었다.

그때 개그우먼 이성미 집사가 이웃 아주머니들 전도를

참 열심히 했는데, 이분들을 모아서 전도 성경공부를 하고 싶다고 하셨다. 그래서 그분들과 교회에 있는 미신자, 초신자 아주머니들을 모아서 아주 기초적이면서도 핵심적인 기독교 진리와 신앙에 대해 알려 주었다.

그때 열두 명의 아주머니 제자들과 함께 성경공부를 했는데 그중 열 명이 예수님을 구주로 영접했다. 마지막 두 명이 남았는데, 그 무렵 한국으로 돌아오게 되어서 안타까운 마음이 있었다. 그러나 하나님께서 두 분에게도 놀라운 일을 행하셔서 예수님을 영접하는 계기가 생겼다.

한 분은 한국에서 남편이 대기업에 다니다가 다 같이 이민을 왔는데, 이민 온 이후 남편은 더 이상 사무직을 할 수 없었고 경력도 인정받지 못해서 몸 쓰는 일을 할 수밖에 없었다. 남편은 남편대로 낙심해 있고 아들들은 게임에 빠져 있고 본인도 우울증이 생겨 낮이고 밤이고 드라마에 묻혀서 소망 없이 사는 분이었다.

이분을 밴쿠버에 남겨 두고 가는 것이 너무나 안타까웠다. 그런데 어느 날 이분이 전화를 하시더니 이런 말씀을 하셨다. 새벽기도를 오는데 어떤 여자가 교회에 못 가게 뒤쫓아와서 급히 교회 문을 열고 들어왔단다. 그러고는 예배당 의자에 앉았는데 하나님의 은혜가 임하면서 눈물을 쏟으며 기도했다는 것이다. 드디어 뜨겁게 하나님을 만난 것이다.

눈을 떠 보니까 침대였다. 다 꿈이었다. 꿈에서 살아계신 하나님의 임재 체험을 했던 것이다. 그런데 침대 머리맡에 천사가 앉아 있더란다. 천사는 말했다. "너는 하나님을 만났지만, 불쌍한 네 남편은 어떻게 하려고 하니?" 그 말에 남편을 위해 간절히 기도하게 되었다고 하시며 이렇게 말씀하셨다. "목사님은 밴쿠버를 떠나시지만, 저 예수님 믿고 열심히 잘 살게요."

또 한 분은 이성미 집사님과 가까이 살던 분이었다. 늘 유쾌하고 즐겁게 지내며, 인생에 무슨 걱정이 있을까 싶은 분이었다. 그분이 마지막까지 예수님을 영접하지 않으셨다. 이성미 집사님과 가장 친했고 영향을 많이 받으셔서 가장 빨리 영접하실 줄 알았는데 아니었다. 그런데 한국 나오기 한 달 전에 이분에게서 전화가 왔다. 오늘 집에 와 달라고, 오늘 예수님을 영접하겠다는 것이었다.

이성미 집사님은 꽃다발을 들고 오고 나도 기쁜 마음으로 함께 그분 댁에 갔다. 그런데 이분이 편지를 써서 준비하고 계셨다. 편지를 읽는 목소리가 떨렸다. "저는 예수님이 좋습니다. 그동안에도 예수님을 믿고 싶었습니다. 그러나 이성미 집사님처럼 살 자신이 없어서 결단하기가 어려웠습니다. 늘 이웃들에게 맛있는 음식을 해주시고, 언제든지 급할 때는 아이들을 돌봐 주시고, 힘들 때마다 기도해 주시고…. 저는 인생을 살면서 단 한 번도 그렇게 남을 위해서 살아 본 적이 없는 사람입니다. 나도 예수님을 믿으면 저렇게 살아야 할 텐데 그것이 너무 부담스러웠습니다. 그러나 이제는 결심했습니다. 저도 좋으신 예수님을 믿고 싶습니다. 그리고 이제부터는 예수님과 동행하며 인생을 살고 싶습니다."

그날 우리는 얼마나 감격했는지 모른다. 그리고 내 힘으로 예수님을 닮을 수 있는 것이 아니라고, 예수님의 사랑과 은혜를 누리다 보면 내 안에 그 사랑이 넘쳐서 자연스럽게 흘러가는 날이 오는 것이라고 이야기해 드렸다. 그리고 그날 이분은 감격적으로 영접 기도를 했다.

2009년 한국에 돌아와 5년간 대학청년 사역을 하면서 청년들과 정말 많은 신앙의 대화들을 나누었다. 그리고 계속해서 성경통독 사역을 하면서도 매주 수십 개에서 수백 개의 질의응답을 하며 기독교 진리와 신앙에 대해서 적절하게 답변하는 법을 익혀 왔다.

2020년 코로나19로 인하여 팬데믹이 터지면서, 교회 모임들이 전면적으로 금지되고 사회적 거리두기로 인해 사적 모임도 8인 제한, 6인 제한, 4인 제한을 하던 때가 있었다. 당시 교회에서는 예배도, 양육도 못 하고 아무것도 할 수 없었다.

그래서 이때 나는 전도에 열심을 내는 성도님과 함께 미신자들을 찾아 나섰다. 8인 제한일 때는 8명까지, 6인 제한일 때는 6명까지, 4인 제한일 때는 4명까지 모여서 밴쿠버에서 사용하던 새신자용 교리 교재로 공부를 했다. 이분들은 매번 모일 때마다 하나님을 기쁘게 알아가고 눈물로 삶을 나누면서, 지금은 거의 다 신앙생활을 열심히 하는 성도님들이 되었다.

목회 28년 동안 많은 성도님들과 신앙적인 대화를 나누며, 또 많은 미신자들과 질의응답을 하며 정리한 내용이 이 책에 담겨 있다. 바로 일곱 가지 와이 시리즈Why Series다.

1. Why God? 왜 하나님인가? (신론)
2. Why Man? 왜 인간인가? (인간론)
3. Why Jesus? 왜 예수님인가? (기독론, 혹은 그리스도론)
4. Why Faith? 왜 믿음인가? (믿음론, 혹은 구원론)
5. Why the Church? 왜 교회인가? (교회론)
6. Why the Bible? 왜 성경인가? (말씀론, 혹은 계시론)
7. Why the Spirit? 왜 성령님인가? (성령론)

1장 "왜 하나님인가?"에서는 인본주의 시대에 신 존재 자체를 부정하는 분들이 많기 때문에, 먼저 대상자가 유신론자인지 무신론자인지 불가지론자인지부터 질문하고, 무신론의 논리적 증거 불충분에 대해 설명해 주며, 적어도 불가지론의 입장에서 출발한다면 하나님에 대한 갈망을 갖고 나아갈 필요가 있는 이유를 설명했다. 그리고 종교다원주의 시대에 왜 기독교가 유일한 진리인지, 왜 하나님이 유일한 우리 영혼의 아버지이신지에 대해서 설명했다.

2장 "왜 인간인가?"에서는 오늘날 대세로 여겨지는 진화론의 이론적 한계점들이 무엇인지 생물학과 우주론 차원에서 다루었고, 오히려 정밀한 자연과 질서정연한 우주는 신 존재를 반증하고 있다는 점을 설명하며, 과학주의 시대에 성경을 바르게 대하는 법에 대해 다루었다. 또한 하나님은 왜 인간을 만드셨는지, 왜 자유의지를 주셨는지, 왜 고통의 역사를 허용하셨는지, 그럼에도 인간을 존귀한 하나님의 형상으로 만드신 하나님의 진심은 무엇인지를 설명했다.

3장 "왜 예수님인가?"에서는 인간을 왜 죄인이라고 하는지, 왜 예수님만이 유일한 구원의 길인지, 왜 내가 내 죄를 책임지지 않고 예수님께 의지해야 하는지, 왜 십자가의 구원이 필요했는지에 대해서 설명했다. 그리고 많은 성도들이 궁금해하는 하나님의 예정과 인간의 자유의지의 상관관계에 대해서도 설명했다. 또한 신앙생활을 하면서도 예수님이 인류를 위해서가 아니라 나를 위해서 죽으신 것에 대해 확신이 없는 분들을 위해서 이 점도 설명했다.

4장 "왜 믿음인가?"에서는 왜 행위구원이 아니라 믿음구원인지, 왜 선한 사람인데도 비신자는 구원받을 수 없는지를 상대평가와 절대평가의 차이라는 패러다임으로 설명했다. 또한 믿음에 근거해 구원받을지라도 성화의 과정에서 믿음과 함께 행함이 따르게 되는 원리도 설명했다. 그러면서 그리스도인의 신앙 여정 6단계(예지-예정-부르심-칭의-성화-영화)도 설명했다. 최종적으로 왜 우리의 믿음조차도 하나님의 은혜의 선물인지에 대해서 설명했다.

5장 "왜 교회인가?"에서는 왜 개인주의 시대에 굳이 교회가 필요한지, 왜 처음 보는 사람에게 형제자매라고 불러야 하는지, 교회는 왜 그렇게 문제가 많은지, 그럼에도 불구하고 교회 안에서 참된 회복을 경험한다는 것이 무엇인지에 대해서 다루었다. 그러면서 교회는 왜 예배를 항상 강조하는지, 그리고 교회가 인류 구원 역사에 있어서 어떤 중요한 역할을 하는지 설명했다. 마지막으로 오늘날 건강하게 부흥하는 교회가 되는 길에 대해서도 설명했다.

6장 "왜 성경인가?"에서는 이 두꺼운 성경책을 왜 읽어야 하는지, 그리고 구약 성경은 고문서로서 신뢰할 만한 책인지, 신약 성경은 얼마나 신뢰할 만한 책인지 문서보존학적 측면에서 설명했다. 그리고 성경이 삶과 신앙의 기준이 되는 이유가 무엇인지, 성경을 바르게 읽고 이해하는 방법이 무엇인지, 성경이 왜 구약과 신약으로 구성되어 있는지, 끝으로 성경이 우리의 영적인 삶에 얼마나 많은 유익함을 주는지에 대해서 설명했다.

7장 "왜 성령님인가?"에서는 성부와 성자를 믿을 뿐 아니라 성령 하나님을 믿어야 하는 이유가 무엇인지, 하나님은 한 분이신지 세 분이신지(삼위일체에 대해서), 그러면 우리를 만나 주시는 하나님을 어떻게 불러야 하는지에 대해서 설명했다. 그리고 성령님이 얼마나 인격적인 분이신지, 또한 성령님은 구체적으로 성도들의 삶에 어떤 일을 행하시는지에 대해 다루었다. 마지막으로 성령 하나님이 임하시면 우리에게 어떤 복이 있는지에 대해 설명했다.

오늘날 교리 공부를 한다고 하면 사람들이 지루하게 생각할 것이다. 그러나 성도들을 양육하면서 많이 놀란 점이 있다. 그들은 교리는 지루해하지만 진리에 대한 관심은 매우 크다. 그리고 너무나 잘 알고 싶어 한다. 궁금한 점도 많고 질문들도 많다.

게다가 요즘은 과도한 무신론적 인본주의 시대가 되지 않았는가. 사춘기 자녀들뿐 아니라 초등학생 자녀들도 "난 무신론자야! 오늘부터 교회 안 갈 거야!"라고 선언하는 순간, 억지로 교회에 데려갈 수 없는 시대가 되었다. 성도님들이 기독교 진리와 신앙에 대해 언제든 답변할 수 있을 만큼 숙지해야 할 시대가 되었다.

또한 이단 사이비가 득세하는 시대다. 진리를 알아야 거짓에서 자유할 수 있다. 그리고 성경 자체를 믿지 않고 신 존재 자체를 믿지 않는 회의주의 시대다. 그러므로 다양한 불신자들의 질문, 세상의 질문에 답할 수 있는 준비가 되어 있어야 한다. 그런 면에서 이 책은 신앙 연륜이 오래된 분들에게도 기독교 진리와 신앙을 연구하는 데 도움이 될 것이다.

온누리교회 설립자이신 고 하용조 목사님은 "배우든지 가르치든지"를 양육의 표어로 삼으셨다. 신앙 이력이 오래된 분들은 새가족반에 들어오라고 하면 '내가 그런 걸 또 배워야 하나?'라고 생각한다. 하지만 복음의 진리는 파면 팔수록 솟아나는 샘물과 같다. 열심히 배워서 전도하고 양육하는 데에 이 책이 아름답게 쓰임 받기를 소망한다.

분당에서
이상준 목사

차례

추천의 글
들어가는 글

1장 왜 하나님인가? ___ 021

2장 왜 인간인가? ___ 063

3장 왜 예수님인가? ___ 091

4장 왜 믿음인가? ___ 121

5장 왜 교회인가? ___ 149

6장 왜 성경인가? ___ 175

7장 왜 성령님인가? ___ 209

주

1장
왜 하나님인가?

왜 사람들은 신을 이야기하는가?

인류가 이 땅에 존재한 이래로 인간은 신에 대해서 이야기해 오고 있다. 고대로부터 현대에 이르기까지, 인류 문명이 다양한 단계로 변천해 오는 가운데 인간은 신에 대한 담론을 멈춘 적이 없다. 그렇다면 왜 사람들은 끊임없이 신에 대한 이야기를 하는 것일까? 또 어떤 사람들은 왜 끊임없이 신 존재를 거부하는 것일까?

> "바울이 아레오바고 가운데 서서 말하되 아덴 사람들아 너희를 보니 범사에 종교심이 많도다"_사도행전 17:22

오늘날 사람들의 생각과 경험과 마음 가운데 몇 가지 상충되는 요소들이 자리 잡고 있기에 신에 대한 긍정적, 부정적 담론이 진행되는 것으로 보인다.

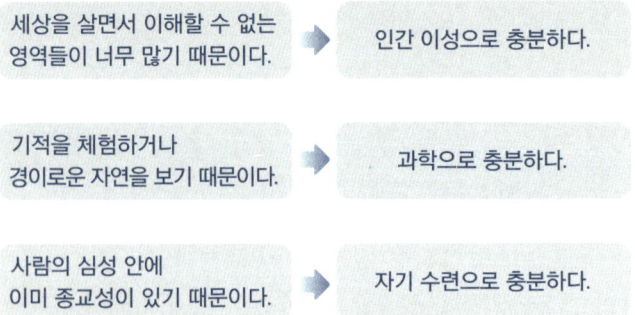

인간 이성으로 신의 영역을 대치할 수 있는가?

사람들이 신을 이야기하는 이유는 첫째, 세상을 살면서 인간이 이해할 수 없는 영역들이 너무 많기 때문이다. 인간이 인생과 세상에 있는 요소들을 다 이해할 수 있고 설명할 수 있다면 굳이 신 존재를 찾지 않을 것이다. 그러나 인생은 살아갈수록 이해할 수 없는 요소들을 참으로 많이 만나게 된다. 결국 인생과 역사와 세상에 대한 근본적인 설명을 해줄 누군가를 인간은 끊임없이 찾고 있다.

이에 반해 무신론[atheism]은 인간 이성으로도 충분하다고 주장한다. 인간의 합리성으로 모든 것이 설명 가능하다고 보는 것이다. 근대철학의 아버지라 불리는 18세기 독일의 철학자 임마누엘 칸트[Immanuel Kant]는 신은 결코 경험될 수 없다고 말했고 종교도 궁극적으로는 윤리라고 보았다.

실존주의 철학의 대표자였던 19세기 독일의 철학자 프리드리히 니체Friedrich Nietzsche는 자신의 책에서 "신은 죽었다. 신은 죽어 있다. 그리고 우리가 그를 죽였다"라고 주장하며 인간을 나약하게 만드는 기독교에서 벗어날 것을 주장했다.[1] 그러나 안타깝게도 인간 지성의 해방을 주장했던 니체는 정신병원에서 자신의 생을 마감했다.

20세기를 대표하는 철학자 버트런드 러셀Bertrand Russell은 자신의 책에서 그가 기독교인이 아닌 이유를, 삼위일체나 동정녀 탄생과 같은 교리가 비합리적이고, 종교가 인간에게 끊임없이 죄책감을 느끼게 만들며, 더 나아가 종교적 도덕성이 인간의 합리적인 사고와 도덕적 판단을 제한하기 때문이라고 주장했다.[2] 러셀은 "거짓과 더불어 제정신으로 사느니 진실과 더불어 미치는 쪽을 택하고 싶다"라고 말했다.

그러면 과연 러셀은 합리적이고 도덕적인 삶을 스스로 영위했을까? 그는 24살에 엘리스라는 여인과 결혼했지만 어느 날 자전거를 타다가 자신이 그녀를 더 이상 사랑하지 않는다는 것을 깨닫고 그녀에게 이를 이야기했다. 이후 그는 수많은 여성과 관계를 맺었다. 러시아의 페미니스트 도라를 사랑하면서 엘리스와 이혼하려고 또 다른 여성 콜레트와 불륜을 저질렀고 콜레트를 버리고 이후로도 두 번의 결혼을 더 했지만 그의 사랑은 언제나 짧았다.

「이기적 유전자」로 잘 알려진 21세기의 대표적인 무신론자 리처드 도킨스Richard Dawkins는 자신의 또 다른 책 「만들어진 신」에서 종교적 믿음을 "마음의 바이러스^{meme}"로 설명하며, 종교는 자기방어적 구조를 만들어 외부의 비판에 저항하게 한다고 주장했다.[3] 그의 책을 읽고 얼마나 많은 젊은 이들이 기독교 신앙을 버렸는지 모른다. 하지만 안타깝게도 도킨스는 무신론 진영에서도 지나치게 선동적이고 학문적 근거가 빈약한 것으로 비판을 받는다.

오늘날 도킨스를 필두로 하는 공격적 무신론은 유신론자들을 적대시하고, 진화론을 근거로 한 무신론에 의문을 제기하는 것은 반지성적이고 반과학적이라고 주장한다. 하지만 오히려 기독교는 인격적인 선택의 종교다. 하나님이 선악과를 만드신 이유도 인간 스스로 하나님을 사랑하는 길을 선택하도록 하심이고, 하나님이 십자가의 구원을 주신 이유도 인간 스스로 하나님의 구원의 길을 선택하도록 하심이다.

오늘날 하나님은 C. S. 루이스$^{C.\ S.\ Lewis}$의 책 제목처럼 「피고석의 하나님」이 되셨고, "폐위된 왕"처럼 치부되고 있으니 공정하지 못하다. 중국의 고생물학자인 천 준위안이 미국을 방문하고는 미국의 학문적 분위기에 놀라서 이런 말을 했다고 한다. "중국에서는 다윈은 비판할 수 있지만 정부는 비판할 수 없습니다. 그런데 미국에서는 정부는 비판할 수 있지만 다윈은 비판할 수 없더군요."[4] 이런 태도야말로 합리적 문제 제기와 실증주의를 거부하는 무신론 진영의 반지성적 태도가 아니겠는가.

과학으로 신의 영역을 대치할 수 있는가?

인간이 신에 대한 담론을 이어가게 되는 또 다른 이유를 보자. 둘째, 인생을 살면서 기적을 체험하거나 경이로운 자연을 보기 때문이다. 인간은 거대한 자연 앞에서 신적인 존재에 대한 인식을 갖게 된다. 장엄한 나이아가라 폭포 앞에서, 거대한 대양과 아름다운 산호섬 앞에서 경외감을 느끼고 신 존재에 대해서 고백하는 경우가 많다.

20세기 최고의 과학자 알베르트 아인슈타인Albert Einstein은 그리스도인도 아니었고 자신을 불가지론자라고 했지만, 스스로를 "깊이 종교적인 비신자deeply religious nonbeliever"라고 불렸고, 그의 책 「아인슈타인의 나의 세계관」에서는 이렇게 고백했다. "나는 우주의 복잡성과 조화를 통해 초월적 존재의 흔적을 느낀다." 그는 우주의 모든 현상이 정교하고 일관된 법칙에 의해 움직인다는 점에서 "우주는 단순히 무작위적인 현상이 아니라 정교하게 설계된 작품"이라고 보았다.

21세기 영국의 기독교 변증가 앨리스터 맥그래스Alister McGrath는 리처드 도킨스의 「만들어진 신」을 반박하는 책에서 이런 통계를 말했다. 20세기에 무신론자들은 과학이 발전하면 기적으로 여겨졌던 현상들에 대한 설명이 가능해져서 인간은 더 이상 신 존재를 찾지 않게 될 것이라고 주장했지만, 실제는 그와 달랐다. 1916년에는 신 존재를 믿는 과학자가 40%였는데 1997년에도 여전히 신 존재를 믿는 유신론자들의 비율이 40%에 달했다. 그러므로 "대부분의 과학자

들은 신을 믿지 않는다"는 무신론자들의 주장을 곧이곧대로 받아들일 수는 없다.[5]

왜냐하면 아인슈타인이 인정한 것처럼 누군가가 이 세상을 이렇게 정교하고 일관되게 만들지 않고는 우연히 이 세상이 존재한다는 것이 불가능하기 때문이다. 그래서 유신론자 과학자들은 연구를 거듭할수록 오히려 신 존재에 대한 확신과 믿음이 깊어지고 강해진다고 고백한다.

오늘날 진화론자들은 과학으로 충분하다고 주장한다. 특히 세상의 시작과 인간의 시작을 신 존재에 기대어 설명하지 않아도 진화론으로 충분히 설명이 가능하며 이것이 과학적인 설명이라고 주장한다. (이 부분에 대해서는 2장에서 더 자세히 다루고 여기에서는 개론적인 설명만 하겠다.)

하지만 한때는 무신론자였다가 신앙인이 되었던 20세기 최고의 기독교 변증가 C. S. 루이스는 말했다. 오늘날 사람들은 과학주의에 기초해서 신 존재를 부정하지만, 오히려 사람들이 과학적일 수 있었던 것은 "자연에 법칙이 있을 것이라고 기대했기 때문이고, 그들이 그런 기대를 품은 이유는 입법자의 존재를 믿었기 때문"이라고.

루이스도 아인슈타인과 동일한 생각이었다. 인간이 과학적인 사고를 한다는 것은 모든 것이 인과관계가 있다는 것을 인정하는 것인데, 아무것도 없는 상태에서 지금의 인간과 세상이 존재하게 되었다고 보는 진화론보다 이 모든 것을 질서 있고 정교하게 설계design하고 만드신 이Maker가 존재한다고 보는 것이 더 과학적이고 합리적인 사고이기 때문이다.

"태초에 하나님이 천지를 창조하시니라"(창세기 1:1). 사실 성경은 창조를 증명하려 들지 않고 진리로 선언한다. 오늘날 진화론evolution theory은 사실fact 혹은 진실truth의 보좌에 앉으려고 하지만, 그것은 세상의 시작에 대한 하나의 설명이며 이론일 뿐이다. 그런데 오늘날은 진화론이 아니고는 자연과학을 이야기할 수 없고, 진화론에 근거하지 않고는 사회과학조차도 논할 수 없는 분위기가 되어가고 있다. 진화론이 모든 과학 영역의 대전제가 되고 절대적 진리의 명제가 된다는 것이 안타깝다.

다만 이런 반문을 할 수 있다. 객관적으로 볼 때 창조론creation theory도 이론 아닌가? 맞다. 그러므로 창조 과학creation science으로 창조의 모든 것을 과학적으로 설명하려는 것이 아님을 알아야 한다. 세상의 기원 시점으로 돌아가서 그 상태를 재현하여 진위를 실험하는 방법은 전혀 없기 때문이다. 다만 성경은 존재의 원인이 존재한다고, 세상의 창조주가 존재한다고 합리적으로 인과관계를 설명하고 있을 뿐이다.

"창세로부터 그의 보이지 아니하는 것들 곧 그의 영원하신 능력과 신성이 그가 만드신 만물에 분명히 보여 알려졌나니 그러므로 그들이 핑계하지 못할지니라"(로마서 1:20). 왜 인간은 자연을 보면서 초자연을 느낄까? 왜 인간은 물질계를 보면서 영계를 생각할까? 그것은 마치 작품을 볼 때 작가를 느끼는 것과 같다. 작품에는 작가의 혼이 깃들어 있기 때문이다. 마찬가지로 자연 만물에는 창조주의 손길이 묻어 있고 창조주의 숨결이 담겨 있다. 그래서 자연 속에서 인간은 영원하신 창조주의 능력과 신성power and divinity을 느낄 수밖에 없다.

오늘날 우리는 첨단 과학 문명의 이기 속에 살아가고 있지만 과학주의scientism는 주의해야 한다. 과학은 현상과 세상을 바르게 이해하기 위한 확실한 접근방법 중 하나이기는 하지만, 그것이 100% 객관적이고 절대적인 방법은 아니기 때문이다. 과학자들이 동일한 현상에 대해서 다양한 해석과 견해를 갖는 이유는 무엇인가? 어떤 과학적 탐구에도 과학자의 관점과 사상에 기인한 전제가 바탕에 깔려 있기 때문이다.

그러므로 "과학이 절대적이다", "과학이 최고다"라는 과도한 맹신, 즉 과학지상주의는 과학 자체의 가치를 절하시키는 그릇된 태도다. 이런 과학에 대한 맹신의 시대에 사이언톨로지Scientology라는 종교까지 등장하지 않았는가. 이들은 인간의 육신이 죽음을 피하려면 E-머신을 통해 정신분석을 하고 이를 통해 변해야 한다고 주장한다. 어떻게 보면 인간은 신 존재를 부정하는 도구로 과학을 끌어들였지만, 결국에는 과학이 인간을 구원해 주는 신이 되기를 갈망하는 모순적인 지점에까지 이르게 되었다.

과학은 절대적 지위를 갖거나 전지적 시점을 가질 수 없다. 전지전능하신 분은 오직 하나님 한 분뿐이다. 인간은 인간 자신과 세상에 대해서 정직하게 바라보겠다고 실증주의에 기반한 과학을 선택했지만, 결국 스스로 정직하지 못하여 과학이라는 방법론에 과학주의라는 왕관까지 씌우는 거짓과 교만에 빠지고 말았다. 인류 역사에서 알렉산더에 버금가는 정복자로 알려진 바벨론 제국의 느부갓네살 왕이 스스로 교만에 빠졌을 때, 정신이 혼미해져 일곱 해를 짐승의 마음으로 지내다가 다시 돌아오게 되는 일이 있었다.

> "그 기한이 차매 나 느부갓네살이 하늘을 우러러보았더니 내 총명이 다시 내게로 돌아온지라 이에 내가 지극히 높으신 이에게 감사하며 영생하시는 이를 찬양하고 경배하였나니"_다니엘 4:34

그가 제정신을 차렸다는 것은 현실을 파악하는 능력이 회복됐다는 의미이기도 하지만, 궁극적으로는 내 위에 절대자이신 그분이 계신다는 사실을 깨달았다는 뜻이다.

자기 수련으로 신의 영역을 대치할 수 있는가?

인간이 신에 대한 담론을 이어가게 되는 또 다른 이유를 살펴보자. 셋째, 사람의 심성 안에 이미 종교성이 있기 때문이다. 외부 세계와 아무런 접촉도 없었던 아마존 밀림의 원주민 부족들에게도 신에 대한 개념이 있고 내세에 대한 개념이 있는데, 도대체 누가 그들에게 신 존재에 대해서 말해 주었는가? 인간은 어떻게 이런 종교성을 갖게 되었는가?

"하나님이 모든 것을 지으시되 때를 따라 아름답게 하셨고 또 사람들에게는 영원을 사모하는 마음을 주셨느니라 그러나 하나님이 하시는 일의 시종을 사람으로 측량할 수 없게 하셨도다"_전도서 3:11

인간은 시간과 공간 속에서 살아가는 제한적인 존재다. 그런 인간이 어떻게 영원을 생각하고 사모할 수 있는가? 성경은 영원하신 하나님이 인간에게 그런 마음을 주셨기 때문이라고 말한다. 인간은 시공간에 갇혀 있지만, 영원하신 하나님으로부터 왔고 영원하신 하나님께로 돌아갈 것이기 때문이다.

그러나 사람들은 영원에 대한 목마름, 신성에 대한 목마름을 하나님 앞에 나아가 해결하려고 하지 않고 다른 길로 해결하려고 한다. 그래서 요가, 명상, 마음수련, 뉴에이지와 같은 다양한 자기 수련법으로 이런 필요를 충족시키려고 한다.

미국에 요가의 가르침을 전파하여 서양 요가의 아버지로 여기지는 파라마한사 요가난다는 자신의 책에서 "요가는 단순한 신체적 운동이 아니라 인간의 영혼을 신의 현존으로 인도하는 길"이라고 설명한다. 이를 통해 무조건적인 사랑과 평화 그리고 신성한 존재의 실재에 이를 수 있다면서, 이

런 체험을 "신과의 합일"이라고 주장했다.[6]

티베트 불교 지도자인 달라이 라마는 명상을 통해 우주적 질서와 인간의 상호 연결성을 깨달을 수 있으며 "이는 신의 존재를 직간접적으로 느끼게 하는 경험"이라고 강조했다. 그는 특히 명상을 통해 신앙적 경계 없이 모든 인간이 신적 현존을 경험할 수 있다고 주장했다.

이런 동양종교와 철학에 기반한 수련법들은 마음을 비우는 과정을 통해 신과의 합일 체험을 추구하고 스스로 신적인 존재에까지 이른다고 주장하지만, 성경은 마음을 비우는 것이 아니라 정반대로 마음에 거룩하신 하나님이 임재하시고 진리인 하나님의 말씀이 채워져야만 인간이 정화되고 하나님의 거룩과 신성에 이를 수 있다고 말한다.

그래서 동양 사상은 명상을 말하지만 성경은 묵상을 말하고 있다. 인간이 스스로 자신을 비워서 정결하게 될 수 있을까? 아니면 하나님의 말씀대로, 내 안에 정결함이 없기 때문에 나를 정결케 하시는 말씀이 임해야만 정화될 수 있는 것일까? "청년이 무엇으로 그의 행실을 깨끗하게 하리이까 주의 말씀만 지킬 따름이니이다"(시편 119:9).

당신은 신의 존재를 어떻게 생각하는가?

신의 존재를 믿는가, 안 믿는가에 따라서 그 사람의 인생은 현격히 달라진다. 절대적인 존재에 대한 믿음이 그 사람의 내면세계 성향을 많이 좌우하기 때문이다. 더 나아가 신관에 따라 인생관과 세계관이 달라지고 사후관이 달라지기 때문이다.

그렇다면 당신은 지금 신의 존재를 믿고 있는가? 다음 세 가지 중에서 당신은 어디에 해당하는가? 내가 어느 지점에 서 있는지를 알아야 앞으로 어느 방향으로 어떻게 영적 성장을 해나갈지 가늠할 수 있다.

유신론(Theism)	불가지론(Agnosticism)	무신론(Atheism)
신이 존재한다.	신이 존재하는지 알 수 없다.	신이 존재하지 않는다.

당신은 신의 존재를 믿는 유신론자인가?

첫째, 유신론Theism은 신이 존재한다고 믿는 것이다. 오늘날 실증주의에 기초한 자연주의자들이 볼 때 유신론자들은 신화적 존재를 믿는 사람들, 혹은 산타클로스나 요정을 믿는 순박한 사람들 정도로 여겨진다. 인간이 경험할 수 없고 증명할 수 없는 존재가 실제로 있다고 어떻게 그렇게 굳건하게 믿을 수 있는가 싶은 것이다.

그러나 유신론자들에게 믿음이란 그렇게 어려운 문제가 아니다. 이들에게는 하나님을 만난 체험이 있기 때문이다. 매우 주관적인 체험이 아니냐고 반문할 수 있겠지만, 원래 경험주의란 구체적인 실체에 대한 접속contact을 통해서 이루어지는 법이다. 믿음에 대해서는 4장에서 좀 더 구체적으로 논의하겠지만, 무신론자들의 비판처럼 유신론자들이 뜬구름 잡는 이야기를 하는 것이 아니다. 이들은 분명한 체험에 기반한 신 존재에 대한 개념과 고백을 가진 사람들이다.

예일대 로스쿨을 졸업하고 〈시카고 트리뷴〉지의 기자였으며 냉소적인 무신론자였던 리 스트로벨Lee Strobel은 복음을 받아들인 후 기독교의 진리가 사실임을 증거하는 변증가로 변화되었다. 그는 자신의 책에서 대표적인 무신론 철학자였던 앤터니 플루Antony Flew의 고백을 이야기한다. 플루는 이런 말을 했다. "신이 존재한다면 부활이 훨씬 더 있을 법한 일이 된다. 솔직히 말해 증거 전체를 살펴본다면 하나님이 존재할 가능성이 그렇지 않을 가능성보다 확률적으로 훨씬 높다." 그러나 신 존재는 믿으면서 부활은 믿지 못한다면 그것은 자기 내적 모순이라는 것이다.[7)]

평생 무신론의 가장 강력한 기수였던 플루는 2004년 12월 9일 마음을 바꿨다. 그는 과학적 증거에 근거해 신을 믿게 되었다고 고백했다. 이제 그는 신의 증거가 존재한다고 믿고, 신의 존재를 믿으며, 신이 세상을 창조했다는 사실을 믿는다고 선언했다. 플루의 책 「존재하는 신」에서는 그를 무신론자에서 유신론자로 변화시킨 과학적 발견과 철학적 논증이 흥미진진하게 펼쳐진다. 그는 이 책에서 아인슈타인과 마찬가지로 논리적이고 질서정연한 우주의 규칙성과 보편성은 신이라는 기원으로 귀결된다고 보았다.

"너희의 패역함이 심하도다 토기장이를 어찌 진흙같이 여기겠느냐 지음을 받은 물건이 어찌 자기를 지은 이에게 대하여 이르기를 그가 나를 짓지 아니하였다 하겠으며 빚음을 받은 물건이 자기를 빚은 이에게 대하여 이르기를 그가 총명이 없다 하겠느냐"_이사야 29:16

이 말씀에서 이사야가 말한 "패역함"이란 거꾸로 되었다는 뜻이다. 토기장이가 진흙을 빚는 것이지 진흙이 토기장이를 만드는 것이 아니라는 말이다. 그러므로 오늘날 과학지상주의가 "신이 우리를 창조하지 않았다"라고 말한다면 그것은 마치 진흙이 토기장이의 존재를 부인하는 것과 같은 것이 된다. 우리가 종교를 만든 것이 아니다. 우리가 신을 만든 것이 아니다. 신이 우리를 빚으셨고, 신이 세상을 만드셨다.

그러나 안타깝게도 인간은 영적인 기억상실증에 빠졌다. 계몽주의 시대의 인본주의자들은 이신론理神論, deism 정도의 단계였다. 신이 세상을 창조했어도 자연의 원리만 만들어 놓고 현재 세상에 구체적으로 개입하지 않고 있으니, 신 존재를 감지하거나 경험할 수 없다는 생각이었다. 그러나 오늘날의 무신론은 그 단계를 지나 공격적 무신론에 빠져서 유신론자들을 비난하고 조롱하며, 신이 존재한다면 비합리적이고 괴팍한 폭군일 뿐이라고 정죄한다.

당신은 신의 부재를 믿는 무신론자인가?

둘째, 무신론Atheism은 신이 존재하지 않는다고 믿는 것이다. 수많은 과학자와 지성인이 무신론의 기수를 자처하면서, 오늘날의 젊은이들과 자라나는 세대들은 무신론의 토양 위에 서게 되었다. 하지만 무신론은 매우 근거가 빈약한 이론이자 믿음일 수밖에 없다. 과학이 접근할 수 없는 영역, 즉 초월적 영역은 과학적 접근방법으로 판단할 수 있는 근거 자체가 없기 때문이다. 따라서 그 세계를 탐험해 볼 수도 없고 탐험해 보지도 않은 사람이 신이라는 존재가 없다고 말하는 것은 증거불충분으로 인해 틀린 말이 되고 만다.

과학적으로 볼 때 "신은 세상에 존재하지 않는다"라는 말은 맞는 말이지만 틀린 말이다. 과학이라는 방법론 자체가 3차원의 현실 세계 즉 시간과 공간이라는 영역에서의 존재와 현상을 다루는 접근법이기 때문이다. 그러므로 형사소송의 피고인이 유죄 판결을 받기 전까지는 무고한 사람으로 추정된다는 무죄추정의 원칙처럼, 오늘날 물질계를 연구하는 과학자들이 무신추정의 원칙을 고수하는 것은 나름 이해할 수 있다. 그러나 그렇다고 해서 최종 판결이 난 것으로 확신하며 무신론을 주장하는 것은 섣부른 태도다.

나는 수많은 무신론자를 만나 대화를 나누어 보았다. 그들에게 성경 말씀이 아니라 차원의 법칙을 설명해서 그들이 그 자리에서 무신론을 내려놓게 하였다. 고등학생 때 일본 과학자 츠즈키 다쿠지의 「4차원의 세계」라는 책을 읽은 적이 있다. 그는 이렇게 설명했다. 1차원은 점 혹은 방향을 틀 수 없는 직선이다. 2차원은 직선이 무수히 포개진 면이다. 3차원은 면이 무수히 포개진 공간이다. 4차원은 공간이 무수히 포개진 초월적 영역이다.

만약 1차원의 직선 위에 사는 존재가 있는데 그 존재가 직진을 하다가 도저히 스스로 옮길 수 없는 장애물을 만나게 된다면, 그는 (면이 아니니까) 돌아갈 수도 없고 그 장애물 앞에서 정지하여 존재가 소멸할 때까지 있어야 한다. 그런데 직선이라는 1차원은 면이라는 2차원 안에 포함되어 있지 않은가. 그래서 2차원의 존재가 이 상황을 보다가 불쌍해서 직선 위의 장애물을 제거해 준다면 그 1차원의 존재는 자기 눈앞에서 믿을 수 없는 기적을 보게 된다!

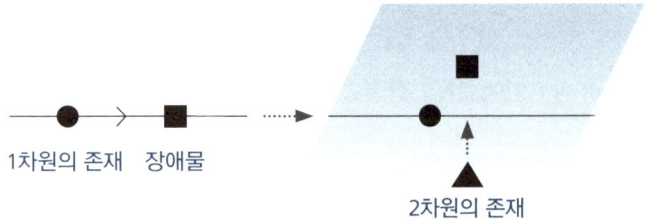

또한 2차원과 3차원의 관계는 개미와 인간의 관계로 빗대어 말한다. 개미들이 줄지어서 가고 있는데 사람이 그 행렬에서 개미 한 마리를 잡아 종일 갖고 놀다가 놓아 주었다고 하자. 그러면 돌아온 개미는 자신이 인간이라는 존재와 접촉했기 때문에 명확하게 설명은 못 해도 인간 존재에 대

한 굳건한 믿음을 갖게 된다. 그래서 개미굴 사거리에 서서 "여러분, 인간이라는 존재가 있습니다! 인간이라는 존재를 믿으셔야 합니다!" 목이 터져라 외칠 것이다. 그러나 인간과 한 번도 접촉한 적 없는 개미들은 '저 개미가 미쳤구나' 생각할 것이다.

그는 마지막 챕터에서 신 존재에 대해 언급한다. 우물 안의 개구리가 우물 밖에 나가 본 적도 없으면서 "우물 밖 세상에 인간은 존재하지 않아!"라고 말한다면 그것은 어리석은 주장이 될 뿐이다. 그래서 그 일본 과학자는 "신이 존재하지 않는다고 주장하는 인간들을 볼 때 신이 얼마나 가소로워할까!"라는 말로 책을 마무리한다.

마찬가지로 세상에서 하나님을 경험할 수 없다는 주장은 어느 정도 일리가 있다고 해도, 그렇다고 신 존재 자체가 없다고 확신하는 것은 너무나 그릇된 맹신이다. 나는 10여년 전부터 청년 무신론자들을 만났다. 그리고 7-8년 전부터 중고등학생 무신론자들을 만났다. 그런데 3년 전에는 초등학교 5학년 무신론자를 만났다. 아직 명확하게 자신의 가치관을 정립하지 못한 어린 소년이 신 존재를 믿지 않는 부모와 교사들의 영향을 받은 경우였다.

이 친구에게 차원의 법칙을 설명한들 이해가 어려울 것 같았다. 나는 매우 총명해 보이고 단호해 보이는 친구에게 이렇게 질문했다. "어디에서 태어났니?" "미국 동부 시라큐스에서요." "그래, 그러면 미국 서부에 가 봤니?" "아니요." "자, 그러면 어떤 친구에게 '미국 서부에는 인앤아웃 버거라는 맛있는 버거집이 있어'라고 말했는데 만약에 그 친구가 미국에 가 본 적도 없으면서 '에이, 그런 버거집은 없어!'라고 말한다면, 그 말이 맞는 말일까?" "아니요." "그래, 우리는 시간과 공간 속에 살지만 하나님이 계시는 영원하고 초월적인 세계에는 가 본 적이 없잖아. 그런데 거기에 하나님이 계시지 않는다고 말한다면 그 말이 맞는 말일까?" "아니요." 그날 그 5학년 무신론자는 자신의 무신론을 내려놓았다.

나는 무신론자를 만나면 차분하게 설명해 주고, 무신론이 얼마나 근거가 부족한 이론인지, 그리고 얼마나 강력한 믿음인지 스스로 깨닫게 해준다. 그리고 나면 대부분의 무신론자는 그 자리에서 자신의 신념을 포기했다. 물론 그렇다고 해서 갑자기 신 존재를 믿는 것은 아니었다. 그럴 때 나는 그들에게 세 번째 입장인 불가지론을 소개한다.

당신은 유신론도 무신론도 아닌 불가지론자인가?

셋째, 불가지론Agnosticism은 신이 존재하는지, 존재하지 않는지 알 수 없다고 생각하는 것이다. 합리주의적이고 실증주의적인 사고를 지닌 인간이 아직 신 존재를 경험한 적도, 깨달은 적도 없다면 신이 존재하는지 아닌지 알 수 없는 것이 지극히 정상적이다. 그러므로 우리는 불가지론자를 회의론자라고 비난할 것이 아니라 정직한 사람이라고 보아야 한다.

사실 불가지론Agnosticism이라는 용어는, '다윈의 불독'으로 불렸던 19세기 영국의 생물학자 토마스 헉슬리Thomas Huxley가 1869년 런던의 한 과학 토론 모임에서 처음으로 사용했던 개념이다. 그는 "불가지론은 우리가 신의 존재 여부를 알 수 없다는 것을 인정하는 태도"라고 정의했다. 또한 "인간의 인식 능력은 제한적이며 우리가 관찰하거나 실험할 수 없는 초월적 문제에 대해 단언할 수 없다"라고 주장했다.[8]

하지만 리처드 도킨스와 같은 공격적 무신론자는 불가지론에 대해 "모호한 중립성을 유지하려는 태도"라고 비판하며 명확한 증거가 없는 가정은 받아들일 수 없다고 주장한다.[9] 경험주의적으로나 귀납법적으로 보면 도킨스의 말이 일리가 있다고 볼 수 있다. 하지만 동일한 경험적 차원에서 인간을 만나 본 개미가 있듯이 신을 만나 본 인간들이 있지 않은가. 그리고 합리주의적으로나 연역법적으로 볼 때, 성경은 신 존재를 인정하는 것이 인간 존재의 출발점이라고 선언하고 있다.

"여호와를 경외하는 것이 지식의 근본이거늘 미련한 자는 지혜와 훈계를 멸시하느니라"_잠언 1:7

"어리석은 자는 그의 마음에 이르기를 하나님이 없다 하는도다 그들은 부패하고 그 행실이 가증하니 선을 행하는 자가 없도다"_시편 14:1

신 존재를 알아보지 않겠는가?

그러므로 무신론을 내려놓고 불가지론을 선택한 사람에게 나는 권면한다. 사실 인간은 자신보다 초월적 차원으로 스스로 올라갈 힘이 없다. 그러나 신은 언제든지 자신보다 낮은 차원인 시공간 세계로 내려오실 수 있다. 그러므로 기도하라고 권한다. "하나님, 정말 하나님이 존재하신다면 저를 찾아와 만나 주십시오."

17세기 프랑스의 천재적인 수학자였던 블레즈 파스칼 Blaise Pascal은 성령체험을 하고 하나님을 인격적으로 만난 그리스도인이었지만, 수학적인 확률의 법칙상 불신자들도 하나님의 존재를 믿는 것이 좋다고 권면했다.

파스칼은 그의 에세이집 「팡세」에서 '파스칼의 내기'라는 철학적 논증을 통해 신의 존재를 믿는 것이 합리적인 선택이라는 사실을 수학적 논리로 설명한다. 신 존재와 그에 대한 믿음으로 인한 결과는 다음과 같이 네 가지로 나누어진다.

	신관	신존재 유무	미치는 영향
1	신의 존재를 믿는다.	실제로 신이 존재한다.	사후에 영원한 천국에 들어간다.
2		실제로 신이 존재하지 않는다.	사후에 아무 일도 일어나지 않는다. 그래도 윤리적으로 살았다.
3	신의 존재를 믿지 않는다.	실제로 신이 존재하지 않는다.	사후에 아무 일도 일어나지 않는다.
4		실제로 신이 존재한다.	사후에 영원한 지옥에 들어간다.

파스칼은 기대 가치 측면에서 볼 때 신 존재를 믿는 것이 가장 합리적이라고 주장한다. 신 존재를 믿지 않았다가 파국을 맞이할 이유가 무엇이겠는가. 오늘날처럼 노후 대비하랴 사후 대비하랴 보험을 몇 개씩 들고, 인생의 위기관리 risk management에 열과 성을 다하는 시대에, 영원한 위기관리 차원에서라도 신 존재를 믿는 것이 중요하지 않겠는가.

그래서 나는 불가지론자에게 이제부터라도 3년 동안은 매주 교회에 나와 성경을 읽고 예배를 드리면서 하나님이라는 존재에 대해 알아가는 진지한 시간을 가지라고 권면한다. 인생의 우선순위를 매길 때에 네 가지가 있지 않은가. 급하지도 중요하지도 않은 일이 있고, 급하지만 중요하지 않은 일이 있고, 급하면서도 중요한 일이 있고, 급하지 않아 보여도 가장 중요한 일이 있다.

신 존재가 있다면, 그 존재를 만나는 것이 가장 중요한 일이다. 예전에 금성사 가전제품 선전 문구에 이런 말이 있었다. "순간의 선택이 10년을 좌우합니다." 핸드폰 하나를 선택하면 2년이 좌우되고, 자동차 하나를 선택하면 5년이 좌우되고, 학과 하나를 선택하면 반평생이 좌우되고, 배우자를 선택하면 평생이 좌우된다. 그런데 하나님을 믿을 것인가 말 것인가의 선택은 평생을 넘어 영원eternity을 좌우한다.

왜 사람은 만족이 없는가?

다다익선多多益善이라는 말이 있다. 많을수록 좋다The more, the better는 말이다. 그러나 이 말 안에는 사람의 만족할 수 없는 욕구와 욕망이 담겨 있다. "더 더 더"에는 끝이 없기 때문이다. 놀랍게도 이것이 상대성의 자기모순이다. 상대성은 유한한 것인데 마치 밑 빠진 독처럼 부어도 부어도 채워지지 않는다.

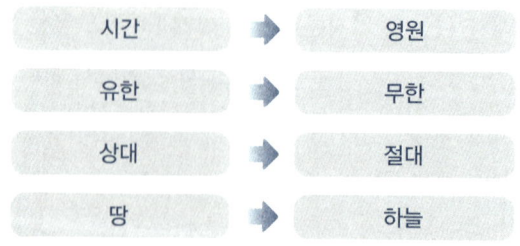

인간은 시간 속에 살면서 영원을 바라고, 유한한 존재인